Guests

MW00958718

**NAME** ......................................................................................................

**ADDRESS** ...................................................................................................

......................................................................................................

**E-MAIL** ......................................................................................................

**MESSAGE**

......................................................................................................

......................................................................................................

......................................................................................................

......................................................................................................

......................................................................................................


**NAME** ......................................................................................................

**ADDRESS** ...................................................................................................

......................................................................................................

**E-MAIL** ......................................................................................................

**MESSAGE**

......................................................................................................

......................................................................................................

......................................................................................................

......................................................................................................

......................................................................................................

# Guests

**NAME** _____

**ADDRESS** _____
_____

**E-MAIL** _____

**MESSAGE**
_____
_____
_____
_____
_____

**NAME** _____

**ADDRESS** _____
_____

**E-MAIL** _____

**MESSAGE**
_____
_____
_____
_____
_____

# Guests

**NAME** _____

**ADDRESS** _____

_____

**E-MAIL** _____

**MESSAGE**

_____

_____

_____

_____

_____


**NAME** _____

**ADDRESS** _____

_____

**E-MAIL** _____

**MESSAGE**

_____

_____

_____

_____

_____

# Guests

**NAME** ......................................................................................................

**ADDRESS** .................................................................................................

...................................................................................................................

**E-MAIL** ....................................................................................................

**MESSAGE**

...................................................................................................................

...................................................................................................................

...................................................................................................................

...................................................................................................................

...................................................................................................................

**NAME** ......................................................................................................

**ADDRESS** .................................................................................................

...................................................................................................................

**E-MAIL** ....................................................................................................

**MESSAGE**

...................................................................................................................

...................................................................................................................

...................................................................................................................

...................................................................................................................

...................................................................................................................

# Guests

**NAME** _____

**ADDRESS** _____

_____

**E-MAIL** _____

**MESSAGE**

_____

_____

_____

_____

_____

**NAME** _____

**ADDRESS** _____

_____

**E-MAIL** _____

**MESSAGE**

_____

_____

_____

_____

_____

# Guests

**NAME** ........................................................................................................................

**ADDRESS** ...................................................................................................................

...................................................................................................................................

**E-MAIL** ......................................................................................................................

**MESSAGE**

...................................................................................................................................

...................................................................................................................................

...................................................................................................................................

...................................................................................................................................

...................................................................................................................................


**NAME** ........................................................................................................................

**ADDRESS** ...................................................................................................................

...................................................................................................................................

**E-MAIL** ......................................................................................................................

**MESSAGE**

...................................................................................................................................

...................................................................................................................................

...................................................................................................................................

...................................................................................................................................

...................................................................................................................................

# Guests

NAME _____

ADDRESS _____

_____

E-MAIL _____

MESSAGE

_____

_____

_____

_____

_____


NAME _____

ADDRESS _____

_____

E-MAIL _____

MESSAGE

_____

_____

_____

_____

_____

# Guests

**NAME** _____

**ADDRESS** _____

_____

**E-MAIL** _____

**MESSAGE**

_____

_____

_____

_____

_____


**NAME** _____

**ADDRESS** _____

_____

**E-MAIL** _____

**MESSAGE**

_____

_____

_____

_____

_____

# Guests

**NAME** _____

**ADDRESS** _____

_____

**E-MAIL** _____

**MESSAGE**

_____

_____

_____

_____

**NAME** _____

**ADDRESS** _____

_____

**E-MAIL** _____

**MESSAGE**

_____

_____

_____

_____

# Guests

**NAME** _____

**ADDRESS** _____

_____

**E-MAIL** _____

**MESSAGE**

_____

_____

_____

_____

_____


**NAME** _____

**ADDRESS** _____

_____

**E-MAIL** _____

**MESSAGE**

_____

_____

_____

_____

# Guests

**NAME** _____

**ADDRESS** _____

_____

**E-MAIL** _____

**MESSAGE**

_____

_____

_____

_____

_____


**NAME** _____

**ADDRESS** _____

_____

**E-MAIL** _____

**MESSAGE**

_____

_____

_____

_____

_____

# Guests

**NAME** _____

**ADDRESS** _____

_____

**E-MAIL** _____

**MESSAGE**

_____

_____

_____

_____

_____

**NAME** _____

**ADDRESS** _____

_____

**E-MAIL** _____

**MESSAGE**

_____

_____

_____

_____

_____

# Guests

NAME _____

ADDRESS _____

_____

E-MAIL _____

MESSAGE

_____

_____

_____

_____

_____


NAME _____

ADDRESS _____

_____

E-MAIL _____

MESSAGE

_____

_____

_____

_____

_____

# Guests

**NAME** _____

**ADDRESS** _____

_____

**E-MAIL** _____

**MESSAGE**

_____

_____

_____

_____

_____

**NAME** _____

**ADDRESS** _____

_____

**E-MAIL** _____

**MESSAGE**

_____

_____

_____

_____

_____

# Guests

**NAME** _____

**ADDRESS** _____

_____

**E-MAIL** _____

**MESSAGE**

_____
_____
_____
_____
_____

**NAME** _____

**ADDRESS** _____

_____

**E-MAIL** _____

**MESSAGE**

_____
_____
_____
_____
_____

# Guests

**NAME** _____

**ADDRESS** _____

_____

**E-MAIL** _____

**MESSAGE**

_____

_____

_____

_____

_____

**NAME** _____

**ADDRESS** _____

_____

**E-MAIL** _____

**MESSAGE**

_____

_____

_____

_____

# Guests

**NAME** ................................................................................................

**ADDRESS** ............................................................................................

............................................................................................

**E-MAIL** ..............................................................................................

**MESSAGE**

............................................................................................

............................................................................................

............................................................................................

............................................................................................

**NAME** ................................................................................................

**ADDRESS** ............................................................................................

............................................................................................

**E-MAIL** ..............................................................................................

**MESSAGE**

............................................................................................

............................................................................................

............................................................................................

............................................................................................

# Guests

**NAME** _____

**ADDRESS** _____

_____

**E-MAIL** _____

**MESSAGE**

_____

_____

_____

_____

_____

**NAME** _____

**ADDRESS** _____

_____

**E-MAIL** _____

**MESSAGE**

_____

_____

_____

_____

_____

# Guests

**NAME** _____

**ADDRESS** _____

_____

**E-MAIL** _____

**MESSAGE**

_____

_____

_____

_____

**NAME** _____

**ADDRESS** _____

_____

**E-MAIL** _____

**MESSAGE**

_____

_____

_____

_____

# Guests

**NAME** _____

**ADDRESS** _____

_____

**E-MAIL** _____

**MESSAGE**

_____

_____

_____

_____

_____

**NAME** _____

**ADDRESS** _____

_____

**E-MAIL** _____

**MESSAGE**

_____

_____

_____

_____

# Guests

**NAME** _____

**ADDRESS** _____

_____

**E-MAIL** _____

**MESSAGE**

_____

_____

_____

_____


**NAME** _____

**ADDRESS** _____

_____

**E-MAIL** _____

**MESSAGE**

_____

_____

_____

_____

# Guests

**NAME** ........................................................................................

**ADDRESS** ....................................................................................

........................................................................................

**E-MAIL** ......................................................................................

**MESSAGE**

........................................................................................

........................................................................................

........................................................................................

........................................................................................

........................................................................................

**NAME** ........................................................................................

**ADDRESS** ....................................................................................

........................................................................................

**E-MAIL** ......................................................................................

**MESSAGE**

........................................................................................

........................................................................................

........................................................................................

........................................................................................

........................................................................................

**NAME** _____

**ADDRESS** _____

_____

**E-MAIL** _____

**MESSAGE**

_____

_____

_____

_____

**NAME** _____

**ADDRESS** _____

_____

**E-MAIL** _____

**MESSAGE**

_____

_____

_____

_____

# Guests

**NAME** _____

**ADDRESS** _____

_____

**E-MAIL** _____

**MESSAGE**

_____

_____

_____

_____

_____

**NAME** _____

**ADDRESS** _____

_____

**E-MAIL** _____

**MESSAGE**

_____

_____

_____

_____

# Guests

**NAME** _____

**ADDRESS** _____

_____

**E-MAIL** _____

**MESSAGE**

_____

_____

_____

_____

_____

**NAME** _____

**ADDRESS** _____

_____

**E-MAIL** _____

**MESSAGE**

_____

_____

_____

_____

# Guests

**NAME** _____

**ADDRESS** _____

_____

**E-MAIL** _____

**MESSAGE**

_____

_____

_____

_____

_____

_____

**NAME** _____

**ADDRESS** _____

_____

**E-MAIL** _____

**MESSAGE**

_____

_____

_____

_____

_____

_____

# Guests

**NAME** _____

**ADDRESS** _____

_____

**E-MAIL** _____

**MESSAGE**

_____

_____

_____

_____

_____

**NAME** _____

**ADDRESS** _____

_____

**E-MAIL** _____

**MESSAGE**

_____

_____

_____

_____

# Guests

**NAME** _____

**ADDRESS** _____

_____

**E-MAIL** _____

**MESSAGE**

_____

_____

_____

_____

_____

**NAME** _____

**ADDRESS** _____

_____

**E-MAIL** _____

**MESSAGE**

_____

_____

_____

_____

_____

# Guests

**NAME** _____

**ADDRESS** _____

_____

**E-MAIL** _____

**MESSAGE**

_____

_____

_____

_____

_____


**NAME** _____

**ADDRESS** _____

_____

**E-MAIL** _____

**MESSAGE**

_____

_____

_____

_____

# Guests

**NAME** _____

**ADDRESS** _____

_____

**E-MAIL** _____

**MESSAGE**

_____

_____

_____

_____

_____

**NAME** _____

**ADDRESS** _____

_____

**E-MAIL** _____

**MESSAGE**

_____

_____

_____

_____

_____

# Guests

**NAME** _____

**ADDRESS** _____

_____

**E-MAIL** _____

**MESSAGE**

_____

_____

_____

_____

_____


**NAME** _____

**ADDRESS** _____

_____

**E-MAIL** _____

**MESSAGE**

_____

_____

_____

_____

_____

# Guests

**NAME** _____
**ADDRESS** _____
_____

**E-MAIL** _____

**MESSAGE**

_____
_____
_____
_____
_____


**NAME** _____
**ADDRESS** _____
_____

**E-MAIL** _____

**MESSAGE**

_____
_____
_____
_____
_____

# Guests

**NAME** ........................................................................................................

**ADDRESS** ..................................................................................................

........................................................................................................

**E-MAIL** ......................................................................................................

**MESSAGE**

........................................................................................................

........................................................................................................

........................................................................................................

........................................................................................................

**NAME** ........................................................................................................

**ADDRESS** ..................................................................................................

........................................................................................................

**E-MAIL** ......................................................................................................

**MESSAGE**

........................................................................................................

........................................................................................................

........................................................................................................

........................................................................................................

# Guests

**NAME** _____

**ADDRESS** _____

_____

**E-MAIL** _____

**MESSAGE**

_____

_____

_____

_____

_____


**NAME** _____

**ADDRESS** _____

_____

**E-MAIL** _____

**MESSAGE**

_____

_____

_____

_____

# Guests

**NAME** _____

**ADDRESS** _____

_____

**E-MAIL** _____

**MESSAGE**

_____

_____

_____

_____

_____


**NAME** _____

**ADDRESS** _____

_____

**E-MAIL** _____

**MESSAGE**

_____

_____

_____

_____

# Guests

NAME _____

ADDRESS _____

_____

E-MAIL _____

MESSAGE

_____

_____

_____

_____

_____

NAME _____

ADDRESS _____

_____

E-MAIL _____

MESSAGE

_____

_____

_____

_____

# Guests

**NAME** _____

**ADDRESS** _____

_____

**E-MAIL** _____

**MESSAGE**

_____

_____

_____

_____

_____

**NAME** _____

**ADDRESS** _____

_____

**E-MAIL** _____

**MESSAGE**

_____

_____

_____

_____

_____

# Guests

**NAME** _____

**ADDRESS** _____

_____

**E-MAIL** _____

**MESSAGE**

_____

_____

_____

_____

_____

**NAME** _____

**ADDRESS** _____

_____

**E-MAIL** _____

**MESSAGE**

_____

_____

_____

_____

_____

# Guests

**NAME** _____

**ADDRESS** _____

_____

**E-MAIL** _____

**MESSAGE**

_____

_____

_____

_____

_____

**NAME** _____

**ADDRESS** _____

_____

**E-MAIL** _____

**MESSAGE**

_____

_____

_____

_____

_____

# Guests

**NAME** _____

**ADDRESS** _____

_____

**E-MAIL** _____

**MESSAGE**

_____

_____

_____

_____

_____

**NAME** _____

**ADDRESS** _____

_____

**E-MAIL** _____

**MESSAGE**

_____

_____

_____

_____

# Guests

**NAME** _____

**ADDRESS** _____

_____

**E-MAIL** _____

**MESSAGE**

_____

_____

_____

_____

_____

**NAME** _____

**ADDRESS** _____

_____

**E-MAIL** _____

**MESSAGE**

_____

_____

_____

_____

_____

# Guests

**NAME** _____

**ADDRESS** _____

_____

**E-MAIL** _____

**MESSAGE**

_____

_____

_____

_____

_____

**NAME** _____

**ADDRESS** _____

_____

**E-MAIL** _____

**MESSAGE**

_____

_____

_____

_____

# Guests

**NAME** _____

**ADDRESS** _____

_____

**E-MAIL** _____

**MESSAGE**

_____

_____

_____

_____

_____


**NAME** _____

**ADDRESS** _____

_____

**E-MAIL** _____

**MESSAGE**

_____

_____

_____

_____

_____

# Guests

**NAME** _____

**ADDRESS** _____

_____

**E-MAIL** _____

**MESSAGE**

_____

_____

_____

_____

_____

**NAME** _____

**ADDRESS** _____

_____

**E-MAIL** _____

**MESSAGE**

_____

_____

_____

_____

_____

# Guests

**NAME** _____

**ADDRESS** _____

_____

**E-MAIL** _____

**MESSAGE**

_____

_____

_____

_____

_____

**NAME** _____

**ADDRESS** _____

_____

**E-MAIL** _____

**MESSAGE**

_____

_____

_____

_____

_____

# Guests

**NAME** _____

**ADDRESS** _____

_____

**E-MAIL** _____

**MESSAGE**

_____

_____

_____

_____

_____

**NAME** _____

**ADDRESS** _____

_____

**E-MAIL** _____

**MESSAGE**

_____

_____

_____

_____

_____

# Guests

**NAME** _____

**ADDRESS** _____

_____

**E-MAIL** _____

**MESSAGE**

_____

_____

_____

_____

_____

**NAME** _____

**ADDRESS** _____

_____

**E-MAIL** _____

**MESSAGE**

_____

_____

_____

_____

# Guests

**NAME** _____

**ADDRESS** _____

_____

**E-MAIL** _____

**MESSAGE**

_____

_____

_____

_____

_____

**NAME** _____

**ADDRESS** _____

_____

**E-MAIL** _____

**MESSAGE**

_____

_____

_____

_____

_____

# Guests

**NAME** _____

**ADDRESS** _____

_____

**E-MAIL** _____

**MESSAGE**

_____

_____

_____

_____

_____

**NAME** _____

**ADDRESS** _____

_____

**E-MAIL** _____

**MESSAGE**

_____

_____

_____

_____

_____

# Guests

**NAME** _____

**ADDRESS** _____

_____

**E-MAIL** _____

**MESSAGE**

_____

_____

_____

_____

_____

**NAME** _____

**ADDRESS** _____

_____

**E-MAIL** _____

**MESSAGE**

_____

_____

_____

_____

_____

# Guests

**NAME**

**ADDRESS**

**E-MAIL**

**MESSAGE**

**NAME**

**ADDRESS**

**E-MAIL**

**MESSAGE**

# Guests

**NAME** _____
**ADDRESS** _____
_____

**E-MAIL** _____

**MESSAGE**

_____
_____
_____
_____
_____

**NAME** _____
**ADDRESS** _____
_____

**E-MAIL** _____

**MESSAGE**

_____
_____
_____
_____
_____

# Guests

**NAME** _____

**ADDRESS** _____

_____

**E-MAIL** _____

**MESSAGE**

_____

_____

_____

_____

_____


**NAME** _____

**ADDRESS** _____

_____

**E-MAIL** _____

**MESSAGE**

_____

_____

_____

_____

_____

# Guests

**NAME** _____

**ADDRESS** _____

_____

**E-MAIL** _____

**MESSAGE**

_____

_____

_____

_____

_____

**NAME** _____

**ADDRESS** _____

_____

**E-MAIL** _____

**MESSAGE**

_____

_____

_____

_____

_____

# Guests

**NAME** _____

**ADDRESS** _____

_____

**E-MAIL** _____

**MESSAGE**

_____

_____

_____

_____

_____

**NAME** _____

**ADDRESS** _____

_____

**E-MAIL** _____

**MESSAGE**

_____

_____

_____

_____

_____

# Guests

**NAME** _____

**ADDRESS** _____

_____

**E-MAIL** _____

**MESSAGE**

_____

_____

_____

_____

_____

**NAME** _____

**ADDRESS** _____

_____

**E-MAIL** _____

**MESSAGE**

_____

_____

_____

_____

_____

# Guests

**NAME** _____

**ADDRESS** _____

_____

**E-MAIL** _____

**MESSAGE**

_____

_____

_____

_____

_____

**NAME** _____

**ADDRESS** _____

_____

**E-MAIL** _____

**MESSAGE**

_____

_____

_____

_____

_____

# Guests

**NAME** _____

**ADDRESS** _____

_____

**E-MAIL** _____

**MESSAGE**

_____

_____

_____

_____

_____

**NAME** _____

**ADDRESS** _____

_____

**E-MAIL** _____

**MESSAGE**

_____

_____

_____

_____

# Guests

**NAME** _____

**ADDRESS** _____

_____

**E-MAIL** _____

**MESSAGE**

_____

_____

_____

_____

**NAME** _____

**ADDRESS** _____

_____

**E-MAIL** _____

**MESSAGE**

_____

_____

_____

_____

# Guests

**NAME** _____

**ADDRESS** _____

_____

**E-MAIL** _____

**MESSAGE**

_____

_____

_____

_____

_____

**NAME** _____

**ADDRESS** _____

_____

**E-MAIL** _____

**MESSAGE**

_____

_____

_____

_____

_____

# Guests

**NAME** _____

**ADDRESS** _____

_____

**E-MAIL** _____

**MESSAGE**

_____

_____

_____

_____

**NAME** _____

**ADDRESS** _____

_____

**E-MAIL** _____

**MESSAGE**

_____

_____

_____

_____

# Guests

**NAME** _____

**ADDRESS** _____

_____

**E-MAIL** _____

**MESSAGE**

_____

_____

_____

_____

_____

**NAME** _____

**ADDRESS** _____

_____

**E-MAIL** _____

**MESSAGE**

_____

_____

_____

_____

_____

# Guests

**NAME** _____

**ADDRESS** _____

_____

**E-MAIL** _____

**MESSAGE**

_____

_____

_____

_____

_____


**NAME** _____

**ADDRESS** _____

_____

**E-MAIL** _____

**MESSAGE**

_____

_____

_____

_____

_____

# Guests

**NAME** _____

**ADDRESS** _____

_____

**E-MAIL** _____

**MESSAGE**

_____

_____

_____

_____

_____

**NAME** _____

**ADDRESS** _____

_____

**E-MAIL** _____

**MESSAGE**

_____

_____

_____

_____

# Guests

**NAME** _____

**ADDRESS** _____

_____

**E-MAIL** _____

**MESSAGE**

_____

_____

_____

_____

_____


**NAME** _____

**ADDRESS** _____

_____

**E-MAIL** _____

**MESSAGE**

_____

_____

_____

_____

# Guests

**NAME** ......................................................................................

**ADDRESS** .................................................................................

.................................................................................................

**E-MAIL** ....................................................................................

**MESSAGE**

.................................................................................................

.................................................................................................

.................................................................................................

.................................................................................................

.................................................................................................


**NAME** ......................................................................................

**ADDRESS** .................................................................................

.................................................................................................

**E-MAIL** ....................................................................................

**MESSAGE**

.................................................................................................

.................................................................................................

.................................................................................................

.................................................................................................

.................................................................................................

# Guests

**NAME** _____

**ADDRESS** _____

_____

**E-MAIL** _____

**MESSAGE**

_____

_____

_____

_____

_____

**NAME** _____

**ADDRESS** _____

_____

**E-MAIL** _____

**MESSAGE**

_____

_____

_____

_____

# Guests

**NAME** _____
**ADDRESS** _____
_____
**E-MAIL** _____

**MESSAGE**

_____
_____
_____
_____
_____

**NAME** _____
**ADDRESS** _____
_____
**E-MAIL** _____

**MESSAGE**

_____
_____
_____
_____
_____

# Guests

**NAME** _____

**ADDRESS** _____

_____

**E-MAIL** _____

**MESSAGE**

_____

_____

_____

_____

_____

**NAME** _____

**ADDRESS** _____

_____

**E-MAIL** _____

**MESSAGE**

_____

_____

_____

_____

# Guests

**NAME** _____

**ADDRESS** _____

_____

**E-MAIL** _____

**MESSAGE**

_____

_____

_____

_____

_____

**NAME** _____

**ADDRESS** _____

_____

**E-MAIL** _____

**MESSAGE**

_____

_____

_____

_____

_____

# Guests

**NAME** _____

**ADDRESS** _____

_____

**E-MAIL** _____

**MESSAGE**

_____

_____

_____

_____

_____

**NAME** _____

**ADDRESS** _____

_____

**E-MAIL** _____

**MESSAGE**

_____

_____

_____

_____

_____

# Guests

**NAME** _____

**ADDRESS** _____

_____

**E-MAIL** _____

**MESSAGE**

_____

_____

_____

_____

_____

**NAME** _____

**ADDRESS** _____

_____

**E-MAIL** _____

**MESSAGE**

_____

_____

_____

_____

# Guests

**NAME** _____

**ADDRESS** _____

_____

**E-MAIL** _____

**MESSAGE**

_____

_____

_____

_____

_____

**NAME** _____

**ADDRESS** _____

_____

**E-MAIL** _____

**MESSAGE**

_____

_____

_____

_____

# Guests

**NAME** _____

**ADDRESS** _____

_____

**E-MAIL** _____

**MESSAGE**

_____

_____

_____

_____

_____


**NAME** _____

**ADDRESS** _____

_____

**E-MAIL** _____

**MESSAGE**

_____

_____

_____

_____

_____

# Guests

**NAME** _____

**ADDRESS** _____

_____

**E-MAIL** _____

**MESSAGE**

_____

_____

_____

_____

_____

**NAME** _____

**ADDRESS** _____

_____

**E-MAIL** _____

**MESSAGE**

_____

_____

_____

_____

_____

# Guests

**NAME** _____

**ADDRESS** _____

_____

**E-MAIL** _____

**MESSAGE**

_____

_____

_____

_____

_____

**NAME** _____

**ADDRESS** _____

_____

**E-MAIL** _____

**MESSAGE**

_____

_____

_____

_____

_____

# Guests

**NAME** _____

**ADDRESS** _____

_____

**E-MAIL** _____

**MESSAGE**

_____

_____

_____

_____

_____

**NAME** _____

**ADDRESS** _____

_____

**E-MAIL** _____

**MESSAGE**

_____

_____

_____

_____

# Guests

**NAME** _____

**ADDRESS** _____

_____

**E-MAIL** _____

**MESSAGE**

_____

_____

_____

_____

_____

**NAME** _____

**ADDRESS** _____

_____

**E-MAIL** _____

**MESSAGE**

_____

_____

_____

_____

_____

# Guests

**NAME** _____

**ADDRESS** _____

_____

**E-MAIL** _____

**MESSAGE**

_____

_____

_____

_____

**NAME** _____

**ADDRESS** _____

_____

**E-MAIL** _____

**MESSAGE**

_____

_____

_____

_____

# Guests

**NAME** _____

**ADDRESS** _____

_____

**E-MAIL** _____

**MESSAGE**

_____

_____

_____

_____

_____

**NAME** _____

**ADDRESS** _____

_____

**E-MAIL** _____

**MESSAGE**

_____

_____

_____

_____

_____

# Guests

**NAME** _____

**ADDRESS** _____

_____

**E-MAIL** _____

**MESSAGE**

_____

_____

_____

_____

_____

**NAME** _____

**ADDRESS** _____

_____

**E-MAIL** _____

**MESSAGE**

_____

_____

_____

_____

# Guests

**NAME** _____

**ADDRESS** _____

_____

**E-MAIL** _____

**MESSAGE**

_____

_____

_____

_____

_____


**NAME** _____

**ADDRESS** _____

_____

**E-MAIL** _____

**MESSAGE**

_____

_____

_____

_____

_____

**NAME** _____

**ADDRESS** _____

_____

**E-MAIL** _____

**MESSAGE**

_____

_____

_____

_____


**NAME** _____

**ADDRESS** _____

_____

**E-MAIL** _____

**MESSAGE**

_____

_____

_____

_____

# Guests

**NAME** _____

**ADDRESS** _____

_____

**E-MAIL** _____

**MESSAGE**

_____

_____

_____

_____

_____


**NAME** _____

**ADDRESS** _____

_____

**E-MAIL** _____

**MESSAGE**

_____

_____

_____

_____

# Guests

**NAME** _____

**ADDRESS** _____

_____

**E-MAIL** _____

**MESSAGE**

_____

_____

_____

_____

_____

**NAME** _____

**ADDRESS** _____

_____

**E-MAIL** _____

**MESSAGE**

_____

_____

_____

_____

_____

# Guests

**NAME** _____

**ADDRESS** _____

_____

**E-MAIL** _____

**MESSAGE**

_____

_____

_____

_____

**NAME** _____

**ADDRESS** _____

_____

**E-MAIL** _____

**MESSAGE**

_____

_____

_____

_____

# Guests

**NAME** _____

**ADDRESS** _____

_____

**E-MAIL** _____

**MESSAGE**

_____

_____

_____

_____

**NAME** _____

**ADDRESS** _____

_____

**E-MAIL** _____

**MESSAGE**

_____

_____

_____

_____

# Guests

**NAME** _____

**ADDRESS** _____

_____

**E-MAIL** _____

**MESSAGE**

_____

_____

_____

_____

_____


**NAME** _____

**ADDRESS** _____

_____

**E-MAIL** _____

**MESSAGE**

_____

_____

_____

_____

# Guests

**NAME** _____

**ADDRESS** _____

_____

**E-MAIL** _____

**MESSAGE**

_____

_____

_____

_____

_____

**NAME** _____

**ADDRESS** _____

_____

**E-MAIL** _____

**MESSAGE**

_____

_____

_____

_____

# Guests

**NAME** _____

**ADDRESS** _____

_____

**E-MAIL** _____

**MESSAGE**

_____

_____

_____

_____

_____

**NAME** _____

**ADDRESS** _____

_____

**E-MAIL** _____

**MESSAGE**

_____

_____

_____

_____

_____

# Guests

**NAME** _____

**ADDRESS** _____

_____

**E-MAIL** _____

**MESSAGE**

_____

_____

_____

_____

**NAME** _____

**ADDRESS** _____

_____

**E-MAIL** _____

**MESSAGE**

_____

_____

_____

_____

# Guests

**NAME** _____

**ADDRESS** _____

_____

**E-MAIL** _____

**MESSAGE**

_____

_____

_____

_____

_____

**NAME** _____

**ADDRESS** _____

_____

**E-MAIL** _____

**MESSAGE**

_____

_____

_____

_____

# Guests

**NAME** _____

**ADDRESS** _____

_____

**E-MAIL** _____

**MESSAGE**

_____

_____

_____

_____

**NAME** _____

**ADDRESS** _____

_____

**E-MAIL** _____

**MESSAGE**

_____

_____

_____

_____

# Guests

**NAME** _____

**ADDRESS** _____

_____

**E-MAIL** _____

**MESSAGE**

_____

_____

_____

_____

_____

**NAME** _____

**ADDRESS** _____

_____

**E-MAIL** _____

**MESSAGE**

_____

_____

_____

_____

_____

# Guests

**NAME** _____

**ADDRESS** _____

_____

**E-MAIL** _____

**MESSAGE**

_____

_____

_____

_____


**NAME** _____

**ADDRESS** _____

_____

**E-MAIL** _____

**MESSAGE**

_____

_____

_____

_____

# Guests

**NAME** _____

**ADDRESS** _____

_____

**E-MAIL** _____

**MESSAGE**

_____

_____

_____

_____

**NAME** _____

**ADDRESS** _____

_____

**E-MAIL** _____

**MESSAGE**

_____

_____

_____

_____

# Guests

**NAME** _____

**ADDRESS** _____

_____

**E-MAIL** _____

**MESSAGE**

_____

_____

_____

_____

_____

**NAME** _____

**ADDRESS** _____

_____

**E-MAIL** _____

**MESSAGE**

_____

_____

_____

_____

# Guests

**NAME** _____

**ADDRESS** _____
_____

**E-MAIL** _____

**MESSAGE**

_____
_____
_____
_____

**NAME** _____

**ADDRESS** _____
_____

**E-MAIL** _____

**MESSAGE**

_____
_____
_____
_____

# Guests

**NAME** _____

**ADDRESS** _____

_____

**E-MAIL** _____

**MESSAGE**

_____

_____

_____

_____

**NAME** _____

**ADDRESS** _____

_____

**E-MAIL** _____

**MESSAGE**

_____

_____

_____

_____

# Guests

**NAME** _____

**ADDRESS** _____

_____

**E-MAIL** _____

**MESSAGE**

_____

_____

_____

_____

_____

**NAME** _____

**ADDRESS** _____

_____

**E-MAIL** _____

**MESSAGE**

_____

_____

_____

_____

_____

# Guests

**NAME** _____

**ADDRESS** _____

_____

**E-MAIL** _____

**MESSAGE**

_____

_____

_____

_____

**NAME** _____

**ADDRESS** _____

_____

**E-MAIL** _____

**MESSAGE**

_____

_____

_____

_____

# Guests

**NAME** _____

**ADDRESS** _____

_____

**E-MAIL** _____

**MESSAGE**

_____

_____

_____

_____

_____

**NAME** _____

**ADDRESS** _____

_____

**E-MAIL** _____

**MESSAGE**

_____

_____

_____

_____

_____

# Guests

**NAME** _____

**ADDRESS** _____
_____

**E-MAIL** _____

**MESSAGE**
_____
_____
_____
_____

**NAME** _____

**ADDRESS** _____
_____

**E-MAIL** _____

**MESSAGE**
_____
_____
_____
_____

# Guests

**NAME** _____

**ADDRESS** _____

_____

**E-MAIL** _____

**MESSAGE**

_____

_____

_____

_____

**NAME** _____

**ADDRESS** _____

_____

**E-MAIL** _____

**MESSAGE**

_____

_____

_____

_____

# Guests

**NAME** _____

**ADDRESS** _____

_____

**E-MAIL** _____

**MESSAGE**

_____

_____

_____

_____

**NAME** _____

**ADDRESS** _____

_____

**E-MAIL** _____

**MESSAGE**

_____

_____

_____

_____

# Guests

**NAME** _____

**ADDRESS** _____

_____

**E-MAIL** _____

**MESSAGE**

_____

_____

_____

_____

**NAME** _____

**ADDRESS** _____

_____

**E-MAIL** _____

**MESSAGE**

_____

_____

_____

_____

# Guests

NAME _____

ADDRESS _____

_____

E-MAIL _____

MESSAGE

_____

_____

_____

_____


NAME _____

ADDRESS _____

_____

E-MAIL _____

MESSAGE

_____

_____

_____

_____

# Guests

**NAME** ........................................................................................

**ADDRESS** ....................................................................................

....................................................................................................

**E-MAIL** .......................................................................................

**MESSAGE**

....................................................................................................

....................................................................................................

....................................................................................................

....................................................................................................

....................................................................................................


**NAME** ........................................................................................

**ADDRESS** ....................................................................................

....................................................................................................

**E-MAIL** .......................................................................................

**MESSAGE**

....................................................................................................

....................................................................................................

....................................................................................................

....................................................................................................

....................................................................................................

# Guests

**NAME** _____

**ADDRESS** _____

_____

**E-MAIL** _____

**MESSAGE**

_____

_____

_____

_____


**NAME** _____

**ADDRESS** _____

_____

**E-MAIL** _____

**MESSAGE**

_____

_____

_____

_____

# Guests

**NAME** _____

**ADDRESS** _____

_____

**E-MAIL** _____

**MESSAGE**

_____

_____

_____

_____

**NAME** _____

**ADDRESS** _____

_____

**E-MAIL** _____

**MESSAGE**

_____

_____

_____

_____

# Guests

**NAME** _____

**ADDRESS** _____

_____

**E-MAIL** _____

**MESSAGE**

_____

_____

_____

_____

**NAME** _____

**ADDRESS** _____

_____

**E-MAIL** _____

**MESSAGE**

_____

_____

_____

_____

# Guests

**NAME** ............................................................................................

**ADDRESS** ........................................................................................

........................................................................................

**E-MAIL** ..........................................................................................

**MESSAGE**

_____

_____

_____

_____


**NAME** ............................................................................................

**ADDRESS** ........................................................................................

........................................................................................

**E-MAIL** ..........................................................................................

**MESSAGE**

_____

_____

_____

_____

Made in United States
Orlando, FL
15 January 2023

28699834R00063